AGENDA SCOLAIRE
2022-2023

Informations personnelles

Nom : ....
Prénom : ....
Adresse: ....
....

Tél : .... /Mob: ....
E-mail : ....

Adresse: ....
....

Tél : .... /Mob: ....
E-mail : ....

En cas de nécessité

Prévenir M.(Mme) : ....
Adresse: ....
....

Tél : .... /Mob: ....
Groupe sanguin : ....

"Une nouvelle année à découvrir,
Aller plus loin,
Regarder autrement,
Rêver d'ailleurs,
Écrire de nouvelles histoires,
Changer d'avis,
Souffler un instant,
Goûter aux plaisirs simples,
Savourer chaque instant."

Calendrier 2022

SEPTEMBRE

Lu	Ma	Me	Je	Ve	Sa	Di
			1	2	3	4
5	6	7	8	9	10	11
12	13	14	15	16	17	18
19	20	21	22	23	24	25
26	27	28	29	30		

OCTOBRE

Lu	Ma	Me	Je	Ve	Sa	Di
					1	2
3	4	5	6	7	8	9
10	11	12	13	14	15	16
17	18	19	20	21	22	23
24	25	26	27	28	29	30
31						

NOVEMBRE

Lu	Ma	Me	Je	Ve	Sa	Di
	1	2	3	4	5	6
7	8	9	10	11	12	13
14	15	16	17	18	19	20
21	22	23	24	25	26	27
28	29	30				

DÉCEMBRE

Lu	Ma	Me	Je	Ve	Sa	Di
			1	2	3	4
5	6	7	8	9	10	11
12	13	14	15	16	17	18
19	20	21	22	23	24	25
26	27	28	29	30	31	

JANVIER

Lu	Ma	Me	Je	Ve	Sa	Di
						1
2	3	4	5	6	7	8
9	10	11	12	13	14	15
16	17	18	19	20	21	22
23	24	25	26	27	28	29
30	31					

FÉVRIER

Lu	Ma	Me	Je	Ve	Sa	Di
	1	2	3	4	5	
6	7	8	9	10	11	12
13	14	15	16	17	18	19
20	21	22	23	24	25	26
27	28					

Calendrier 2023

MARS

Lu	Ma	Me	Je	Ve	Sa	Di
		1	2	3	4	5
6	7	8	9	10	11	12
13	14	15	16	17	18	19
20	21	22	23	24	25	26
27	28	29	30	31		

AVRIL

Lu	Ma	Me	Je	Ve	Sa	Di
					1	2
3	4	5	6	7	8	9
10	11	12	13	14	15	16
17	18	19	20	21	22	23
24	25	26	27	28	29	30

MAI

Lu	Ma	Me	Je	Ve	Sa	Di
1	2	3	4	5	6	7
8	9	10	11	12	13	14
15	16	17	18	19	20	21
22	23	24	25	26	27	28
29	30	31				

JUIN

Lu	Ma	Me	Je	Ve	Sa	Di
			1	2	3	4
5	6	7	8	9	10	11
12	13	14	15	16	17	18
19	20	21	22	23	24	25
26	27	28	29	30		

JUILLET

Lu	Ma	Me	Je	Ve	Sa	Di
					1	2
3	4	5	6	7	8	9
10	11	12	13	14	15	16
17	18	19	20	21	22	23
24	25	26	27	28	29	30
31						

AOUT

Lu	Ma	Me	Je	Ve	Sa	Di
	1	2	3	4	5	6
7	8	9	10	11	12	13
14	15	16	17	18	19	20
21	22	23	24	25	26	27
28	29	30	31			

Jours fériés

Fête légale	*Date*
Noël	*Dimanche 25 décembre 2022*
Jour de l'an	*Dimanche 1er janvier 2023*
Lundi de Pâques	*Lundi 10 avril 2023*
Fête du Travail	*Lundi 1er mai 2023*
Victoire 1945	*Lundi 8 mai 2023*
Ascension	*Jeudi 18 mai 2023*
Lundi de Pentecôte	*Lundi 29 mai 2023*
Fête nationale	*Vendredi 14 juillet 2023*
Assomption	*Mardi 15 août 2023*
Toussaint	*Mercredi 1er novembre 2023*
Armistice 1918	*Samedi 11 novembre 2023*
Noël	*Lundi 25 décembre 2023*

Anniversaires

Anniversaire	Date	Anniversaire	Date

Dates importantes

Date	Notes

Mots de passe

Site wep :
Nom d'utilisateur :
E-mail utilisé :
Mots de passe :
Notes ou question securéte :

Site wep :
Nom d'utilisateur :
E-mail utilisé :
Mots de passe :
Notes ou question securéte :

Site wep :
Nom d'utilisateur :
E-mail utilisé :
Mots de passe :
Notes ou question securéte :

Site wep :
Nom d'utilisateur :
E-mail utilisé :
Mots de passe :
Notes ou question securéte :

Emploi du temps

	Lundi	Mardi	Mercredi	Jeudi	Vendredi	Samedi
08:....						
09:....						
10:....						
11:....						
12:....						
13:....						
14:....						
15:....						
16:....						
17:....						
18:....						
19:....						

SEPTEMBRE

SEMAINE 01
2022

01 JEUDI

02 VENDREDI

⚠

CHOSES À FAIRE :
☐
☐
☐
☐
☐

☐
☐
☐
☐
☐

SEPTEMBRE

03 SAMEDI

SEMAINE 01
2022

04 DIMANCHE

05 LUNDI

CHOSES À FAIRE :

☐
☐
☐
☐
☐

☐
☐
☐
☐
☐

SEPTEMBRE

SEMAINE 02
2022

06 MARDI

07 MERCREDI

⚠️

CHOSES À FAIRE :
☐
☐
☐
☐
☐

☐
☐
☐
☐

SEPTEMBRE

SEMAINE 02
2022

08 JEUDI

09 VENDREDI

CHOSES À FAIRE :

SEPTEMBRE

SEMAINE 02
2022

10 SAMEDI

11 DIMANCHE

12 LUNDI

CHOSES À FAIRE :

SEPTEMBRE

SEMAINE 03
2022

13 MARDI

14 MERCREDI

⚠️

CHOSES À FAIRE :
- [ ]
- [ ]
- [ ]
- [ ]
- [ ]
- [ ]
- [ ]
- [ ]

SEPTEMBRE

SEMAINE 03
2022

15 JEUDI

16 VENDREDI

⚠

CHOSES À FAIRE :
- ☐
- ☐
- ☐
- ☐
- ☐

- ☐
- ☐
- ☐
- ☐
- ☐

SEPTEMBRE

SEMAINE 03
2022

17 SAMEDI

18 DIMANCHE

19 LUNDI

CHOSES À FAIRE :

- ☐
- ☐
- ☐
- ☐
- ☐

- ☐
- ☐
- ☐
- ☐

SEPTEMBRE

SEMAINE 04
2022

20 MARDI

21 MERCREDI

⚠

CHOSES À FAIRE :
- ☐
- ☐
- ☐
- ☐
- ☐

- ☐
- ☐
- ☐
- ☐
- ☐

SEPTEMBRE

SEMAINE 04
2022

22 JEUDI

23 VENDREDI

⚠

CHOSES À FAIRE :
- ☐
- ☐
- ☐
- ☐
- ☐
- ☐
- ☐
- ☐

SEPTEMBRE

SEMAINE 04
2022

24 SAMEDI

25 DIMANCHE

26 LUNDI

CHOSES À FAIRE :

☐
☐
☐
☐
☐

☐
☐
☐
☐
☐

SEPTEMBRE

SEMAINE 05
2022

27 MARDI

28 MERCREDI

CHOSES À FAIRE :
- ☐
- ☐
- ☐
- ☐
- ☐
- ☐
- ☐
- ☐
- ☐

SEPTEMBRE

SEMAINE 05
2022

29 JEUDI

30 VENDREDI

⚠

CHOSES À FAIRE :
- ☐
- ☐
- ☐
- ☐
- ☐

- ☐
- ☐
- ☐
- ☐
- ☐

OCTOBRE

SEMAINE 05
2022

01 SAMEDI

02 DIMANCHE

03 LUNDI

CHOSES À FAIRE :

OCTOBRE

SEMAINE 06
2022

04 MARDI

05 MERCREDI

⚠

CHOSES À FAIRE :
- ☐
- ☐
- ☐
- ☐
- ☐

- ☐
- ☐
- ☐
- ☐

OCTOBRE

SEMAINE 06
2022

06 JEUDI

07 VENDREDI

⚠

CHOSES À FAIRE :
- ☐
- ☐
- ☐
- ☐
- ☐

- ☐
- ☐
- ☐
- ☐
- ☐

OCTOBRE

SEMAINE 06
2022

08 SAMEDI

09 DIMANCHE

10 LUNDI

⚠

CHOSES À FAIRE :
- ☐
- ☐
- ☐
- ☐

- ☐
- ☐
- ☐
- ☐

OCTOBRE

SEMAINE 07
2022

11 MARDI

12 MERCREDI

⚠

CHOSES À FAIRE :
- ☐
- ☐
- ☐
- ☐
- ☐
- ☐
- ☐
- ☐

OCTOBRE

SEMAINE 07
2022

13 JEUDI

14 VENDREDI

⚠

CHOSES À FAIRE :
- ☐
- ☐
- ☐
- ☐
- ☐

- ☐
- ☐
- ☐
- ☐
- ☐

OCTOBRE

SEMAINE 07
2022

15 SAMEDI

16 DIMANCHE

17 LUNDI

CHOSES À FAIRE :

☐
☐
☐
☐
☐

☐
☐
☐
☐
☐

OCTOBRE

SEMAINE 08
2022

18 MARDI

19 MERCREDI

CHOSES À FAIRE :
- ☐
- ☐
- ☐
- ☐
- ☐

- ☐
- ☐
- ☐
- ☐

OCTOBRE

SEMAINE 08
2022

20 JEUDI

21 VENDREDI

CHOSES À FAIRE :
- [ ]
- [ ]
- [ ]
- [ ]
- [ ]
- [ ]
- [ ]
- [ ]
- [ ]
- [ ]

OCTOBRE

SEMAINE 08
2022

22 SAMEDI

23 DIMANCHE

24 LUNDI

CHOSES À FAIRE :

☐
☐
☐
☐
☐

☐
☐
☐
☐
☐

OCTOBRE

SEMAINE 09
2022

25 MARDI

26 MERCREDI

⚠

CHOSES À FAIRE :
- ☐
- ☐
- ☐
- ☐
- ☐
- ☐
- ☐
- ☐

OCTOBRE

SEMAINE 09
2022

27 JEUDI

28 VENDREDI

⚠

CHOSES À FAIRE :
- ☐
- ☐
- ☐
- ☐
- ☐
- ☐
- ☐
- ☐
- ☐
- ☐

OCTOBRE

SEMAINE 09
2022

29 SAMEDI

30 DIMANCHE

31 LUNDI

⚠

CHOSES À FAIRE :
- ☐
- ☐
- ☐
- ☐
- ☐
- ☐
- ☐
- ☐
- ☐

NOVEMBRE

SEMAINE 10
2022

01 MARDI

02 MERCREDI

⚠

CHOSES À FAIRE :

☐
☐
☐
☐
☐

☐
☐
☐
☐
☐

NOVEMBRE

SEMAINE 10
2022

03 JEUDI

04 VENDREDI

CHOSES À FAIRE :

NOVEMBRE

SEMAINE 10
2022

05 SAMEDI

06 DIMANCHE

07 LUNDI

CHOSES À FAIRE :

☐
☐
☐
☐
☐

☐
☐
☐
☐
☐

NOVEMBRE

SEMAINE 11
2022

08 MARDI

09 MERCREDI

CHOSES À FAIRE :

☐
☐
☐
☐
☐

☐
☐
☐
☐
☐

NOVEMBRE

SEMAINE 11
2022

10 JEUDI

11 VENDREDI

⚠️

CHOSES À FAIRE :
☐
☐
☐
☐
☐

☐
☐
☐
☐
☐

NOVEMBRE

SEMAINE 11
2022

12 SAMEDI

13 DIMANCHE

14 LUNDI

CHOSES À FAIRE :

NOVEMBRE

SEMAINE 12
2022

15 MARDI

16 MERCREDI

⚠️

CHOSES À FAIRE :
- ☐
- ☐
- ☐
- ☐
- ☐

- ☐
- ☐
- ☐
- ☐
- ☐

NOVEMBRE

SEMAINE 12
2022

17 JEUDI

18 VENDREDI

CHOSES À FAIRE :
- [ ]
- [ ]
- [ ]
- [ ]
- [ ]
- [ ]
- [ ]
- [ ]
- [ ]
- [ ]

NOVEMBRE

SEMAINE 12
2022

19 SAMEDI

20 DIMANCHE

21 LUNDI

⚠️

CHOSES À FAIRE :
- ☐
- ☐
- ☐
- ☐
- ☐

- ☐
- ☐
- ☐
- ☐
- ☐

NOVEMBRE

SEMAINE 13
2022

22 MARDI

23 MERCREDI

CHOSES À FAIRE :
- ☐
- ☐
- ☐
- ☐
- ☐
- ☐
- ☐
- ☐
- ☐
- ☐

NOVEMBRE

SEMAINE 13
2022

24 JEUDI

25 VENDREDI

⚠

CHOSES À FAIRE :
- ☐
- ☐
- ☐
- ☐
- ☐

- ☐
- ☐
- ☐
- ☐
- ☐

NOVEMBRE

SEMAINE 13
2022

26 SAMEDI

27 DIMANCHE

28 LUNDI

⚠️

CHOSES À FAIRE :

☐
☐
☐
☐
☐

☐
☐
☐
☐
☐

NOVEMBRE

SEMAINE 14
2022

29 MARDI

30 MERCREDI

⚠

CHOSES À FAIRE :
☐
☐
☐
☐
☐

☐
☐
☐
☐
☐

DÉCEMBRE

SEMAINE 14
2022

01 JEUDI

02 VENDREDI

CHOSES À FAIRE :
- [ ]
- [ ]
- [ ]
- [ ]
- [ ]
- [ ]
- [ ]
- [ ]
- [ ]
- [ ]

DÉCEMBRE

SEMAINE 14
2022

03 SAMEDI

04 DIMANCHE

05 LUNDI

⚠️

CHOSES À FAIRE :
- ☐
- ☐
- ☐
- ☐
- ☐
- ☐
- ☐
- ☐

SEPTEMBRE

SEMAINE 15
2022

06 MARDI

07 MERCREDI

CHOSES À FAIRE :

DÉCEMBRE

SEMAINE 15
2022

08 JEUDI

09 VENDREDI

CHOSES À FAIRE :

☐
☐
☐
☐
☐

☐
☐
☐
☐

DÉCEMBRE

SEMAINE 15
2022

10 SAMEDI

11 DIMANCHE

12 LUNDI

CHOSES À FAIRE :

☐
☐
☐
☐
☐

☐
☐
☐
☐
☐

DÉCEMBRE

SEMAINE 16
2022

13 MARDI

14 MERCREDI

CHOSES À FAIRE :

☐
☐
☐
☐
☐

☐
☐
☐
☐

DÉCEMBRE

SEMAINE 16
2022

15 JEUDI

16 VENDREDI

⚠️

CHOSES À FAIRE :

☐
☐
☐
☐
☐

☐
☐
☐
☐
☐

DÉCEMBRE

SEMAINE 16
2022

17 SAMEDI

18 DIMANCHE

19 LUNDI

CHOSES À FAIRE :
- ☐
- ☐
- ☐
- ☐
- ☐

- ☐
- ☐
- ☐
- ☐

DÉCEMBRE

SEMAINE 17
2022

20 MARDI

21 MERCREDI

CHOSES À FAIRE :

☐
☐
☐
☐
☐

☐
☐
☐
☐
☐

DÉCEMBRE

SEMAINE 17
2022

22 JEUDI

23 VENDREDI

CHOSES À FAIRE :
- ☐
- ☐
- ☐
- ☐
- ☐

- ☐
- ☐
- ☐
- ☐
- ☐

DÉCEMBRE

SEMAINE 17
2022

24 SAMEDI

25 DIMANCHE

26 LUNDI

CHOSES À FAIRE :

☐
☐
☐
☐
☐

☐
☐
☐
☐
☐

DÉCEMBRE

SEMAINE 18
2022

27 MARDI

28 MERCREDI

⚠

CHOSES À FAIRE :
- ☐
- ☐
- ☐
- ☐
- ☐

- ☐
- ☐
- ☐
- ☐
- ☐

DÉCEMBRE

SEMAINE 18
2022

29 JEUDI

30 VENDREDI

CHOSES À FAIRE :

☐
☐
☐
☐
☐

☐
☐
☐
☐
☐

JANVIER

SEMAINE 18
2023

31 SAMEDI

01 DIMANCHE

02 LUNDI

⚠

CHOSES À FAIRE :
- ☐
- ☐
- ☐
- ☐
- ☐

- ☐
- ☐
- ☐
- ☐
- ☐

JANVIER

SEMAINE 19
2023

03 MARDI

04 MERCREDI

CHOSES À FAIRE :

- ☐
- ☐
- ☐
- ☐
- ☐

- ☐
- ☐
- ☐
- ☐
- ☐

JANVIER

SEMAINE 19
2023

05 JEUDI

06 VENDREDI

⚠

CHOSES À FAIRE :
- ☐
- ☐
- ☐
- ☐
- ☐

- ☐
- ☐
- ☐
- ☐
- ☐

JANVIER

SEMAINE 19
2023

07 SAMEDI

08 DIMANCHE

09 LUNDI

CHOSES À FAIRE :

☐
☐
☐
☐
☐

☐
☐
☐
☐
☐

JANVIER

SEMAINE 20
2023

10 MARDI

11 MERCREDI

⚠

CHOSES À FAIRE :
- ☐
- ☐
- ☐
- ☐
- ☐

- ☐
- ☐
- ☐
- ☐

JANVIER

SEMAINE 20
2023

12 JEUDI

13 VENDREDI

CHOSES À FAIRE :

JANVIER

SEMAINE 20
2023

14 SAMEDI

15 DIMANCHE

16 LUNDI

⚠️

CHOSES À FAIRE :
- ☐
- ☐
- ☐
- ☐
- ☐
- ☐
- ☐
- ☐
- ☐

JANVIER

SEMAINE 21
2023

17 MARDI

18 MERCREDI

⚠

CHOSES À FAIRE :

☐
☐
☐
☐
☐

☐
☐
☐
☐
☐

JANVIER

SEMAINE 21
2023

19 JEUDI

20 VENDREDI

⚠

CHOSES À FAIRE :
☐
☐
☐
☐
☐

☐
☐
☐
☐
☐

JANVIER

SEMAINE 21
2023

21 SAMEDI

22 DIMANCHE

23 LUNDI

⚠️

CHOSES À FAIRE :
- ☐
- ☐
- ☐
- ☐
- ☐
- ☐
- ☐
- ☐

JANVIER

SEMAINE 22
2023

24 MARDI

25 MERCREDI

⚠

CHOSES À FAIRE :
☐
☐
☐
☐
☐

☐
☐
☐
☐

JANVIER

SEMAINE 22
2023

26 JEUDI

27 VENDREDI

CHOSES À FAIRE :

JANVIER

SEMAINE 22
2023

28 SAMEDI

29 DIMANCHE

30 LUNDI

⚠️

CHOSES À FAIRE :
- ☐
- ☐
- ☐
- ☐
- ☐

- ☐
- ☐
- ☐
- ☐

JANVIER

SEMAINE 23
2023

31 MARDI

01 MERCREDI

⚠

CHOSES À FAIRE :
- ☐
- ☐
- ☐
- ☐
- ☐
- ☐
- ☐
- ☐
- ☐

FEVRIER

SEMAINE 23
2023

02 JEUDI

03 VENDREDI

CHOSES À FAIRE :

☐
☐
☐
☐
☐

☐
☐
☐
☐

FEVRIER

04 SAMEDI

SEMAINE 23
2023

05 DIMANCHE

06 LUNDI

CHOSES À FAIRE :
- [ ]
- [ ]
- [ ]
- [ ]
- [ ]
- [ ]
- [ ]
- [ ]

FEVRIER

SEMAINE 24
2023

07 MARDI

08 MERCREDI

⚠️

CHOSES À FAIRE :
- ☐
- ☐
- ☐
- ☐
- ☐

- ☐
- ☐
- ☐
- ☐

FEVRIER

SEMAINE 24
2023

09 JEUDI

10 VENDREDI

CHOSES À FAIRE :

- ☐
- ☐
- ☐
- ☐
- ☐

- ☐
- ☐
- ☐
- ☐
- ☐

FEVRIER

SEMAINE 24
2023

11 SAMEDI

12 DIMANCHE

13 LUNDI

CHOSES À FAIRE :

- [ ]
- [ ]
- [ ]
- [ ]
- [ ]

- [ ]
- [ ]
- [ ]
- [ ]

FEVRIER

SEMAINE 25
2023

14 MARDI

15 MERCREDI

⚠️

CHOSES À FAIRE :
- ☐
- ☐
- ☐
- ☐
- ☐

- ☐
- ☐
- ☐
- ☐
- ☐

FEVRIER

SEMAINE 25
2023

16 JEUDI

17 VENDREDI

CHOSES À FAIRE :
- [ ]
- [ ]
- [ ]
- [ ]
- [ ]
- [ ]
- [ ]
- [ ]
- [ ]

FEVRIER

SEMAINE 25
2023

18 SAMEDI

19 DIMANCHE

20 LUNDI

⚠️ CHOSES À FAIRE :
- ☐
- ☐
- ☐
- ☐
- ☐

- ☐
- ☐
- ☐
- ☐
- ☐

FEVRIER

21 MARDI

22 MERCREDI

SEMAINE 26
2023

⚠️

CHOSES À FAIRE :
☐
☐
☐
☐
☐

☐
☐
☐
☐
☐

FEVRIER

SEMAINE 26
2023

23 JEUDI

24 VENDREDI

⚠

CHOSES À FAIRE :
- ☐
- ☐
- ☐
- ☐
- ☐

- ☐
- ☐
- ☐
- ☐
- ☐

FEVRIER

SEMAINE 26
2023

25 SAMEDI

26 DIMANCHE

27 LUNDI

CHOSES À FAIRE :
- ☐
- ☐
- ☐
- ☐
- ☐

- ☐
- ☐
- ☐
- ☐

FEVRIER

SEMAINE 27
2023

28 MARDI

01 MERCREDI

CHOSES À FAIRE :
- ☐
- ☐
- ☐
- ☐
- ☐
- ☐
- ☐
- ☐
- ☐

MARS

SEMAINE 27
2023

02 JEUDI

03 VENDREDI

⚠

CHOSES À FAIRE :
☐
☐
☐
☐
☐

☐
☐
☐
☐
☐

MARS

SEMAINE 27
2023

04 SAMEDI

05 DIMANCHE

06 LUNDI

CHOSES À FAIRE :
- ☐
- ☐
- ☐
- ☐
- ☐

- ☐
- ☐
- ☐
- ☐
- ☐

MARS

SEMAINE 28
2023

07 MARDI

08 MERCREDI

⚠

CHOSES À FAIRE :
- [ ]
- [ ]
- [ ]
- [ ]
- [ ]
- [ ]
- [ ]
- [ ]
- [ ]

MARS

SEMAINE 28
2023

09 JEUDI

10 VENDREDI

CHOSES À FAIRE :
- ☐
- ☐
- ☐
- ☐
- ☐
- ☐
- ☐
- ☐
- ☐

MARS

SEMAINE 28
2023

11 SAMEDI

12 DIMANCHE

13 LUNDI

CHOSES À FAIRE :
- ☐
- ☐
- ☐
- ☐
- ☐
- ☐
- ☐
- ☐
- ☐
- ☐

MARS

SEMAINE 29
2023

14 MARDI

15 MERCREDI

⚠

CHOSES À FAIRE :
- ☐
- ☐
- ☐
- ☐
- ☐
- ☐
- ☐
- ☐
- ☐
- ☐

MARS

SEMAINE 29
2023

16 JEUDI

17 VENDREDI

⚠

CHOSES À FAIRE :
- ☐
- ☐
- ☐
- ☐
- ☐
- ☐
- ☐
- ☐

MARS

18 SAMEDI

SEMAINE 29
2023

19 DIMANCHE

20 LUNDI

CHOSES À FAIRE :
- ☐
- ☐
- ☐
- ☐
- ☐

- ☐
- ☐
- ☐
- ☐
- ☐

MARS

SEMAINE 30
2023

21 MARDI

22 MERCREDI

CHOSES À FAIRE :
- ☐
- ☐
- ☐
- ☐
- ☐

- ☐
- ☐
- ☐
- ☐
- ☐

MARS

SEMAINE 30
2023

23 JEUDI

24 VENDREDI

⚠️

CHOSES À FAIRE :
- ☐
- ☐
- ☐
- ☐
- ☐
- ☐
- ☐
- ☐
- ☐

MARS

SEMAINE 30
2023

25 SAMEDI

26 DIMANCHE

27 LUNDI

⚠️

CHOSES À FAIRE :
- ☐
- ☐
- ☐
- ☐
- ☐

- ☐
- ☐
- ☐
- ☐
- ☐

MARS

SEMAINE 31
2023

28 MARDI

29 MERCREDI

⚠

CHOSES À FAIRE :
- ☐
- ☐
- ☐
- ☐
- ☐

- ☐
- ☐
- ☐
- ☐
- ☐

MARS

SEMAINE 31
2023

30 JEUDI

31 VENDREDI

⚠

CHOSES À FAIRE :
☐
☐
☐
☐
☐

☐
☐
☐
☐
☐

AVRIL

SEMAINE 30
2023

01 SAMEDI

02 DIMANCHE

03 LUNDI

⚠

CHOSES À FAIRE :
☐
☐
☐
☐
☐

☐
☐
☐
☐
☐

AVRIL

SEMAINE 31
2023

04 MARDI

05 MERCREDI

CHOSES À FAIRE :
- [ ]
- [ ]
- [ ]
- [ ]
- [ ]
- [ ]
- [ ]
- [ ]
- [ ]
- [ ]

AVRIL

SEMAINE 31
2023

06 JEUDI

07 VENDREDI

CHOSES À FAIRE :
- ☐
- ☐
- ☐
- ☐
- ☐
- ☐
- ☐
- ☐
- ☐
- ☐

AVRIL

SEMAINE 30
2023

08 SAMEDI

09 DIMANCHE

10 LUNDI

CHOSES À FAIRE :
- ☐
- ☐
- ☐
- ☐
- ☐

- ☐
- ☐
- ☐
- ☐
- ☐

AVRIL

SEMAINE 31
2023

11 MARDI

12 MERCREDI

CHOSES À FAIRE :

AVRIL

SEMAINE 31
2023

13 JEUDI

14 VENDREDI

⚠

CHOSES À FAIRE :
- ☐
- ☐
- ☐
- ☐
- ☐
- ☐
- ☐
- ☐
- ☐
- ☐

AVRIL

SEMAINE 30
2023

15 SAMEDI

16 DIMANCHE

17 LUNDI

CHOSES À FAIRE :
- ☐
- ☐
- ☐
- ☐
- ☐

- ☐
- ☐
- ☐
- ☐
- ☐

AVRIL

SEMAINE 31
2023

18 MARDI

19 MERCREDI

⚠️

CHOSES À FAIRE :
- ☐
- ☐
- ☐
- ☐
- ☐
- ☐
- ☐
- ☐
- ☐

AVRIL

SEMAINE 31
2023

20 JEUDI

21 VENDREDI

CHOSES À FAIRE :
- [ ]
- [ ]
- [ ]
- [ ]
- [ ]
- [ ]
- [ ]
- [ ]

AVRIL

22 SAMEDI

SEMAINE 30
2023

23 DIMANCHE

24 LUNDI

⚠

CHOSES À FAIRE :
- ☐
- ☐
- ☐
- ☐
- ☐

- ☐
- ☐
- ☐
- ☐
- ☐

AVRIL

SEMAINE 31
2023

25 MARDI

26 MERCREDI

CHOSES À FAIRE :

- ☐
- ☐
- ☐
- ☐
- ☐

- ☐
- ☐
- ☐
- ☐
- ☐

AVRIL

SEMAINE 31
2023

27 JEUDI

28 VENDREDI

CHOSES À FAIRE :
- ☐
- ☐
- ☐
- ☐
- ☐
- ☐
- ☐
- ☐
- ☐
- ☐

AVRIL

SEMAINE 30
2023

29 SAMEDI

30 DIMANCHE

01 LUNDI

⚠️

CHOSES À FAIRE :
- ☐
- ☐
- ☐
- ☐
- ☐
- ☐
- ☐
- ☐

MAI

SEMAINE 31
2023

02 MARDI

03 MERCREDI

CHOSES À FAIRE :
- ☐
- ☐
- ☐
- ☐
- ☐
- ☐
- ☐
- ☐
- ☐
- ☐

MAI

SEMAINE 31
2023

04 JEUDI

05 VENDREDI

CHOSES À FAIRE :

MAI

06 SAMEDI

SEMAINE 30
2023

07 DIMANCHE

08 LUNDI

CHOSES À FAIRE :

☐
☐
☐
☐
☐

☐
☐
☐
☐
☐

MAI

SEMAINE 31
2023

09 MARDI

10 MERCREDI

CHOSES À FAIRE :
- [ ]
- [ ]
- [ ]
- [ ]
- [ ]

- [ ]
- [ ]
- [ ]
- [ ]
- [ ]

MAI

SEMAINE 31
2023

11 JEUDI

12 VENDREDI

CHOSES À FAIRE :
- ☐
- ☐
- ☐
- ☐
- ☐
- ☐
- ☐
- ☐

MAI

SEMAINE 30
2023

13 SAMEDI

14 DIMANCHE

15 LUNDI

CHOSES À FAIRE :
- [ ]
- [ ]
- [ ]
- [ ]
- [ ]

- [ ]
- [ ]
- [ ]
- [ ]
- [ ]

MAI

SEMAINE 31
2023

16 MARDI

17 MERCREDI

⚠

CHOSES À FAIRE :
- ☐
- ☐
- ☐
- ☐
- ☐
- ☐
- ☐
- ☐
- ☐
- ☐

MAI

SEMAINE 31
2023

18 JEUDI

19 VENDREDI

⚠

CHOSES À FAIRE :
- ☐
- ☐
- ☐
- ☐
- ☐

- ☐
- ☐
- ☐
- ☐
- ☐

MAI

SEMAINE 30
2023

20 SAMEDI

21 DIMANCHE

22 LUNDI

⚠️

CHOSES À FAIRE :
- ☐
- ☐
- ☐
- ☐
- ☐
- ☐
- ☐
- ☐
- ☐

MAI

SEMAINE 31
2023

23 MARDI

24 MERCREDI

CHOSES À FAIRE :
- ☐
- ☐
- ☐
- ☐
- ☐

- ☐
- ☐
- ☐
- ☐
- ☐

MAI

SEMAINE 31
2023

25 JEUDI

26 VENDREDI

⚠️

CHOSES À FAIRE :
- ☐
- ☐
- ☐
- ☐
- ☐
- ☐
- ☐
- ☐
- ☐

MAI

27 SAMEDI

SEMAINE 30
2023

28 DIMANCHE

29 LUNDI

CHOSES À FAIRE :
- ☐
- ☐
- ☐
- ☐
- ☐

- ☐
- ☐
- ☐
- ☐
- ☐

MAI

SEMAINE 31
2023

30 MARDI

31 MERCREDI

CHOSES À FAIRE :
- ☐
- ☐
- ☐
- ☐
- ☐
- ☐
- ☐
- ☐
- ☐

JUIN

SEMAINE 31
2023

01 JEUDI

02 VENDREDI

CHOSES À FAIRE :
- [ ]
- [ ]
- [ ]
- [ ]
- [ ]
- [ ]
- [ ]
- [ ]
- [ ]
- [ ]

JUIN

SEMAINE 30
2023

03 SAMEDI

04 DIMANCHE

05 LUNDI

⚠

CHOSES À FAIRE :
- ☐
- ☐
- ☐
- ☐
- ☐

- ☐
- ☐
- ☐
- ☐
- ☐

JUIN

SEMAINE 31
2023

06 MARDI

07 MERCREDI

CHOSES À FAIRE :
- ☐
- ☐
- ☐
- ☐
- ☐

- ☐
- ☐
- ☐
- ☐
- ☐

JUIN

SEMAINE 31
2023

08 JEUDI

09 VENDREDI

⚠

CHOSES À FAIRE :
- ☐
- ☐
- ☐
- ☐
- ☐
- ☐
- ☐
- ☐
- ☐
- ☐

JUIN

10 SAMEDI

SEMAINE 30
2023

11 DIMANCHE

12 LUNDI

CHOSES À FAIRE :

JUIN

SEMAINE 31
2023

13 MARDI

14 MERCREDI

⚠️

CHOSES À FAIRE :
- ☐
- ☐
- ☐
- ☐
- ☐

- ☐
- ☐
- ☐
- ☐
- ☐

JUIN

SEMAINE 31
2023

15 JEUDI

16 VENDREDI

CHOSES À FAIRE :
- ☐
- ☐
- ☐
- ☐
- ☐
- ☐
- ☐
- ☐
- ☐
- ☐

JUIN

SEMAINE 30
2023

17 SAMEDI

18 DIMANCHE

19 LUNDI

⚠️

CHOSES À FAIRE :
- ☐
- ☐
- ☐
- ☐
- ☐
- ☐
- ☐
- ☐

JUIN

SEMAINE 31
2023

20 MARDI

21 MERCREDI

⚠

CHOSES À FAIRE :
- [ ]
- [ ]
- [ ]
- [ ]
- [ ]
- [ ]
- [ ]
- [ ]
- [ ]
- [ ]

JUIN

SEMAINE 31
2023

22 JEUDI

23 VENDREDI

⚠

CHOSES À FAIRE :
☐
☐
☐
☐
☐

☐
☐
☐
☐
☐

JUIN

SEMAINE 30
2023

24 SAMEDI

25 DIMANCHE

26 LUNDI

⚠

CHOSES À FAIRE :
- ☐
- ☐
- ☐
- ☐
- ☐

- ☐
- ☐
- ☐
- ☐
- ☐

JUIN

SEMAINE 31
2023

27 MARDI

28 MERCREDI

CHOSES À FAIRE :
- ☐
- ☐
- ☐
- ☐
- ☐
- ☐
- ☐
- ☐
- ☐

JUIN

SEMAINE 31
2023

29 JEUDI

30 VENDREDI

⚠

CHOSES À FAIRE :
- ☐
- ☐
- ☐
- ☐
- ☐
- ☐
- ☐
- ☐
- ☐
- ☐

JUILLET

SEMAINE 30
2023

01 SAMEDI

02 DIMANCHE

03 LUNDI

⚠️

CHOSES À FAIRE :
- ☐
- ☐
- ☐
- ☐
- ☐
- ☐
- ☐
- ☐
- ☐
- ☐

JUILLET

SEMAINE 31
2023

04 MARDI

05 MERCREDI

⚠

CHOSES À FAIRE :
☐
☐
☐
☐
☐

☐
☐
☐
☐
☐

JUILLET

SEMAINE 31
2023

06 JEUDI

07 VENDREDI

CHOSES À FAIRE :
- [ ]
- [ ]
- [ ]
- [ ]
- [ ]
- [ ]
- [ ]
- [ ]
- [ ]
- [ ]

JUILLET

SEMAINE 30
2023

08 SAMEDI

09 DIMANCHE

10 LUNDI

CHOSES À FAIRE :

☐
☐
☐
☐
☐

☐
☐
☐
☐
☐

JUILLET

SEMAINE 31
2023

11 MARDI

12 MERCREDI

⚠️

CHOSES À FAIRE :
- ☐
- ☐
- ☐
- ☐
- ☐
- ☐
- ☐
- ☐
- ☐

JUILLET

SEMAINE 31
2023

13 JEUDI

14 VENDREDI

⚠️

CHOSES À FAIRE :
- ☐
- ☐
- ☐
- ☐
- ☐
- ☐
- ☐
- ☐
- ☐

JUILLET

SEMAINE 30
2023

15 SAMEDI

16 DIMANCHE

17 LUNDI

⚠

CHOSES À FAIRE :
☐
☐
☐
☐
☐

☐
☐
☐
☐

JUILLET

SEMAINE 31
2023

18 MARDI

19 MERCREDI

CHOSES À FAIRE :
- [ ]
- [ ]
- [ ]
- [ ]
- [ ]

- [ ]
- [ ]
- [ ]
- [ ]
- [ ]

JUILLET

SEMAINE 31
2023

20 JEUDI

21 VENDREDI

⚠️

CHOSES À FAIRE :
- ☐
- ☐
- ☐
- ☐
- ☐
- ☐
- ☐
- ☐
- ☐
- ☐

JUILLET

SEMAINE 30
2023

22 SAMEDI

23 DIMANCHE

24 LUNDI

CHOSES À FAIRE :

☐
☐
☐
☐
☐

☐
☐
☐
☐
☐

JUILLET

SEMAINE 31
2023

25 MARDI

26 MERCREDI

⚠

CHOSES À FAIRE :
☐
☐
☐
☐
☐

☐
☐
☐
☐
☐

JUILLET

SEMAINE 31
2023

27 JEUDI

28 VENDREDI

CHOSES À FAIRE :
- [ ]
- [ ]
- [ ]
- [ ]
- [ ]
- [ ]
- [ ]
- [ ]
- [ ]

JUILLET

SEMAINE 30
2023

29 SAMEDI

30 DIMANCHE

31 LUNDI

⚠️

CHOSES À FAIRE :
☐
☐
☐
☐
☐

☐
☐
☐
☐
☐

AOÛT

SEMAINE 31
2023

01 MARDI

02 MERCREDI

CHOSES À FAIRE :

- ☐
- ☐
- ☐
- ☐
- ☐

- ☐
- ☐
- ☐
- ☐

AOÛT

SEMAINE 31
2023

03 JEUDI

04 VENDREDI

⚠

CHOSES À FAIRE :
- ☐
- ☐
- ☐
- ☐
- ☐
- ☐
- ☐
- ☐
- ☐

AOÛT

SEMAINE 30
2023

05 SAMEDI

06 DIMANCHE

07 LUNDI

CHOSES À FAIRE :
- [ ]
- [ ]
- [ ]
- [ ]
- [ ]
- [ ]
- [ ]
- [ ]
- [ ]
- [ ]

AOÛT

SEMAINE 31
2023

08 MARDI

09 MERCREDI

CHOSES À FAIRE :
- [ ]
- [ ]
- [ ]
- [ ]
- [ ]
- [ ]
- [ ]
- [ ]
- [ ]
- [ ]

AOÛT

SEMAINE 31
2023

10 JEUDI

11 VENDREDI

⚠

CHOSES À FAIRE :
- ☐
- ☐
- ☐
- ☐
- ☐
- ☐
- ☐
- ☐
- ☐

AOÛT

SEMAINE 30
2023

12 SAMEDI

13 DIMANCHE

14 LUNDI

CHOSES À FAIRE :
- [ ]
- [ ]
- [ ]
- [ ]
- [ ]
- [ ]
- [ ]
- [ ]
- [ ]

AOÛT

SEMAINE 31
2023

15 MARDI

16 MERCREDI

CHOSES À FAIRE :

AOÛT

SEMAINE 31
2023

17 JEUDI

18 VENDREDI

CHOSES À FAIRE :
- ☐
- ☐
- ☐
- ☐
- ☐
- ☐
- ☐
- ☐
- ☐
- ☐

AOÛT

SEMAINE 30
2023

19 SAMEDI

20 DIMANCHE

21 LUNDI

CHOSES À FAIRE :

☐
☐
☐
☐
☐

☐
☐
☐
☐
☐

AOÛT

SEMAINE 31
2023

22 MARDI

23 MERCREDI

⚠️

CHOSES À FAIRE :
- ☐
- ☐
- ☐
- ☐
- ☐
- ☐
- ☐
- ☐
- ☐

AOÛT

SEMAINE 31
2023

24 JEUDI

25 VENDREDI

CHOSES À FAIRE :
- [ ]
- [ ]
- [ ]
- [ ]
- [ ]
- [ ]
- [ ]
- [ ]
- [ ]
- [ ]

AOÛT

SEMAINE 30
2023

26 SAMEDI

27 DIMANCHE

28 LUNDI

⚠

CHOSES À FAIRE :
☐
☐
☐
☐
☐

☐
☐
☐
☐
☐

AOÛT

SEMAINE 31
2023

29 MARDI

30 MERCREDI

CHOSES À FAIRE :

☐
☐
☐
☐
☐

☐
☐
☐
☐
☐

AOÛT

SEMAINE 31
2023

31 JEUDI

01 VENDREDI

⚠

CHOSES À FAIRE :
☐
☐
☐
☐
☐

☐
☐
☐
☐
☐

Liste des contacts

Liste des contacts

Liste des contacts

Liste des contacts

Printed by Amazon Italia Logistica S.r.l.
Torrazza Piemonte (TO), Italy